新型コロナウイルス
対策！職場の労働問題

労働問題

浅野高宏 倉茂尚寛 庄子浩平 著
道幸哲也 監修
一般社団法人日本ワークルール検定協会 協力

働くものと企業を守る

COVID-19

旬報社

はじめに

　本書は、新型コロナウイルス（以下、コロナ）の感染拡大にともなう雇用問題を個別事例を前提に解説しました。

　権利を適切に実現するためには、働くもの・企業ともにワークルールの知識と自分たちの契約内容を知ることが必要です。そこで、ここでは基礎的な知識として労働条件決定システムのアウトラインを確認しておきます。

　労働条件決定システムとしては、基本的に以下の4つ、①労働契約、②就業規則、③労働協約（労働条件などについて会社と労働組合が結ぶ約束）、さらに④労働基準法などの法律が重要です。

　基礎となるのは労働契約です。就業規則や労働協約の内容もそれが労働契約の内容に「なる」、もしくはそれを「規制する」ことによって当事者を拘束します。労働法（労働基準法などその他労働法に関係する法律）は労働条件の最低基準を法律によって強制することで労働条件の下支えをしています。

　第一は労働契約です。労働契約は、働く人と会社が対等な立場で合意をするのが基本原則です（労働契約法3条、労働基準法2条）。契約書を結ぶなど書面化が重視されますが、口頭の例も少なくありません。法律に違反するなどの理由でその効力が認められないこともあります。

　第二は、就業規則です。個別契約で細かな労働条件について定めることはあまりありません。実際には、就業規則が詳細

な労働条件を定めています。就業規則については、その作成・変更に関するルールが労働基準法により定められています。就業規則は会社が一方的に作成・変更することができます。労働者は過半数代表者を通じて意見を述べる機会を持つにすぎません（90条）。同時に、作成義務、記載事項が規定され（89条）、労働基準監督署への届出と内容の周知（106条）が義務づけられています。さらに、違反に対し一定の刑事罰が課せられます（120条）。

　また、労働契約法では、労働契約について、次の3つのことについて定めています。

　①就業規則に規定されている内容に達していない労働契約の内容は無効です。その場合、就業規則の定める基準まで引き上げられます（12条）。②労働契約に定めがない場合には、就業規則で定める労働条件が適用されます（7条）。③会社は、労働条件を一方的に不利益に変更することができます（10条）（ただし、②と③は、就業規則の内容が合理的で従業員に広く知られていることが必要です）。

　第三は、労働協約です。労働協約の内容に反する労働契約は無効です（労働組合法16条）。その場合、労働協約で定められている内容がその内容となります。

　以上のことを意識して、本書をお読みください。必ず、あなたが抱えている労働問題の解決に役立つことになると思います。

CONTENTS

はじめに　　　　　　　　　　　　　　　　　　　　　　　　2

第 1 章

賃金 WAGES

勤務シフトが減らされた！　　　　　　　　　　　　　　10

Q1 飲食店でアルバイトとして働いています。これまでは夜間勤務のシフトを含めて月 17 万円のお給料を貰えていました。しかし、コロナの影響で営業時間が短縮され、夜間勤務シフトがなくなり、お給料が月 10 万円に減りました。**減ったお給料を補償してもらえますか？**

子どもの世話で会社を休みたい　　　　　　　　　　　　12

Q2 学校や保育園などの閉鎖により、子どもの世話のために会社を休まざるを得なくなった場合、**賃金の減額を避けるには、年休（年次有給休暇）を使うしかないのですか？**

コロナを理由に会社が休業した場合の賃金補償　　　　　14

Q3 私は飲食店を経営しています。従業員はアルバイトを含めて 20 名です。コロナの影響で売り上げが激減しています。そこで、会社を休業（一時帰休）して人件費を抑えたいと考えていますが、この場合に、**会社が従業員に 100%賃金を保障しなければならないのですか？**

会社の閉鎖にともなう従業員の賃金保障　　　　　　　16

Q4 私はカラオケ店を経営しています。**従業員がコロナに感染してしまった場合**に、**一定期間お店を閉鎖することになる**と思うのですが、その場合、**従業員には賃金を保障しなければならないのですか？**

第 2 章

解雇・契約解除 DISMISSAL

売上げ低下による解雇・契約解除　㉒

Q5 コロナ感染拡大の影響により経営が厳しくなったという理由で、私が担当していた取引先との取引が終了してしまいました。そうしたところ、社長は、**取引先との取引が終了したのはお前のせいだと言って、私を解雇すると言ってきたのです。**このような解雇は許されますか。

店舗閉店による解雇　㉓

Q6 全国チェーンの飲食店で働いています。もともと、全国で数百店舗を出店していた会社なのですが、コロナの感染拡大による営業自粛によって経営が厳しくなったという理由で、**4割近くの店舗を閉店し、その店舗で働いていた従業員を全員解雇するとのことでした。**私が働いていた店舗も閉店することになってしまったため、私も解雇対象者となってしまいました。このまま、解雇を受け入れるしかないのでしょうか。

コロナ感染を理由の解雇　㉕

Q7 先月、コロナに感染してしまいました。最近、ようやく回復して、他者への感染リスクもないとのことで、出勤が許されたので、会社に出勤しました。ところが、社長から、**コロナ感染者を出したことで休業を余儀なくされて会社の経営が悪化し、また、会社のイメージが毀損されたという理由で、解雇を言い渡されました。**このような解雇は許されますか。

「次回の契約は更新しない」と言われたら　㉘

Q8 有期雇用契約で事務職員として働いています。期間は1年間となっていますが、採用時には、「基本的には契約が更新されます。」との説明を受けました。また、これまで2回契約が更新され、現在、働き始めてから3年目になり、1か月後には3回目の契約更新がされるはずでした。ところが、**今回のコロナの感染拡大による営業自粛により、余剰人員が生じたのか、「次回の契約は更新しない。」と言われてしまいました。**私は、このまま契約不更新を受け入れなければならないのでしょうか。

コロナを理由に採用取消し

32

Q9 昨年（2019年）10月にある企業から内定をもらい、今年（2020年）4月から新入社員として働く予定でした。何事もなければ、すでに働き始めていたのですが、**コロナによる影響で経営が厳しくなったためか、急遽、新入社員の採用をやめる方針にしたとの連絡が会社から入り、私の内定が取り消されてしまいました。**このような内定取消しは許されますか。

第3章
安全衛生 SAFETY AND HEALTH

テレワーク（自宅作業）

36

Q10 コロナの流行で外出自粛を要請されているなかで、会社が営業を続けている場合、労働者が外出することを控えたいと考えている場合もあると思います。**会社にテレワーク（自宅作業）をすることを申し出るのは、可能でしょうか？** また、会社は、その労働者の申出に対してどのような対応をするべきなのでしょうか？

時差出勤

38

Q11 コロナ感染を恐れた労働者が、通常出勤ではなく**時差出勤の申出をすることは可能でしょうか？** それに対して、会社は、どのような対策をすべきでしょうか。

休暇の申請（子どもの対応での休暇）

40

Q12 学校や保育園などの閉鎖により、子どもの世話のために**会社を休まざるを得ない場合もあるかと思いますが、会社は労働者に対してどのような配慮が考えられるでしょうか？**

マスクの着用（特に飲食店などの接客業）

42

Q13 職場において、感染防止のため、労働者の側から**全従業員に対して、マスクの着用を要求することは可能でしょうか？** また、その場合、マスクは、会社が用意すべきなのでしょうか？

営業職には自宅作業を認めない？ ㊺

 コロナの影響で、事務職に対しては、テレワーク（自宅作業）を実施するが、**営業職については、テレワーク（自宅作業）を認めない場合があります。それは取扱いとして不公平ではないでしょうか？** その場合の会社が採るべき対策や労働者からの会社に対する要求はどのようなものが考えられるでしょうか。

コロナに感染してしまったら ㊼

 コロナに感染した場合、それが仕事上の感染であれば、**労災が認められるのでしょうか？** その場合、**どのような補償が受けられるのでしょうか？** 労働者の対応と会社の対応を教えてください。

資料 DOCUMENTS

緊急小口資金・総合支援資金（生活費） ㊿

持続化給付金 ㉑

雇用調整助成金（特例措置） ㉒

住居確保給付金（家賃） ㉓

小学校休業等対応助成金（労働者を雇用する事業主の方向け） ㉔

小学校休業等対応助成金（委託を受けて個人で仕事をする方向け） ㉕

新型コロナウイルス感染症に関する
母性健康管理措置による休暇取得支援助成金 ㉖

令和2年度子育て世帯への臨時特別給付金 ㉗

低所得のひとり親世帯への臨時特別給付金　58

家賃支援給付金　59

生活困窮者自立支援制度　60

生活保護制度　61

傷病手当金　62

求職者支援訓練　63

相談窓口一覧　64

第1章 賃金

WAGES

勤務シフトが減らされた！

Q1 飲食店でアルバイトとして働いています。これまでは夜間勤務のシフトを含めて月17万円のお給料を貰えていました。しかし、コロナの影響で営業時間が短縮され、夜間勤務シフトがなくなり、お給料が月10万円に減りました。減ったお給料を補償してもらえますか？

店側の事情で一方的に減額することはできません。

　シフト勤務で働く場合の夜間勤務シフト削減に伴う賃金減額の問題ですね。緊急事態宣言下でも営業自体は継続するものの、営業時間帯の一部を短縮するというお店は少なくありませんでした。緊急事態宣言解除後もこうした状況はしばらく継続しそうです。

　そこで、ご質問にお答えすると、まず、あなたの毎月または毎週の出勤日数が、労働契約でどのように決められているかを確認する必要があります。そして、毎月または毎週の最低出勤日数が保障されているような場合、たとえば、あなたとお店との間で月最低6回の夜間勤務をすることが合意されているような場合であれば、営業自粛というお店側の事情で夜間勤務シフトを一方的に削減することはできません。そのため、お店側が夜間勤務シフトを削減したために働くことができなくなった場合、その対価である賃金を失うというリスクを労働者に負わせることは公平ではないことから、原則として夜間勤務シフトに入っていれば得ら

れたはずの賃金の補償を求めることが可能です。

　もちろん、お店側もやむなく営業時間を短縮しているという事情がありますので、従業員への賃金支払原資については公的支援が欠かせません。お店側では持続化給付金（P51参照）の申請や雇用調整助成金制度（P52参照）の活用により賃金負担の軽減を図ることを検討すべきでしょう。

　例外として、賃金保障を求めることができない場合もあります。それは、とくにお店との間で、毎月または毎週、一定の日数分の夜間勤務シフトに入るということが合意されていないケースです。具体的には、夜間勤務シフトに入るかどうかは、勤務希望日を提出してお店側で調整をしてからでないと実際のシフトが定まらないという場合がこれにあたります。こうした場合は、毎週あるいは毎月、夜間勤務シフトに入ることができるという保障はないため、夜間勤務シフトを削減された分の賃金補償をお店に求めることは難しいといえます。

　ただ、契約書がない場合でも、口頭でのやりとりで契約は成立します。また、契約書の内容と実際にシフトに入っている実態が違う場合があります。この場合は実態にあわせて判断されますので、弁護士や労働組合に相談をしてください。

　賃金が補償されない場合は、政府の生活支援策（※）として、各都道府県社会福祉協議会の**緊急小口資金・総合支援資金**（P50参照）や**住居確保給付金**（P53参照）、電気・ガス・電話料金等の支払猶予等があり、これらを活用することも検討していく必要があります。

※厚生労働省生活支援特設ホームページ　https://corona-support.mhlw.go.jp/

▶ 動画はコチラ 》》

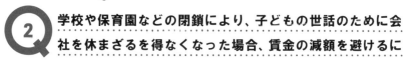

子どもの世話で
会社を休みたい

② 学校や保育園などの閉鎖により、子どもの世話のために会社を休まざるを得なくなった場合、賃金の減額を避けるには、年休（年次有給休暇）を使うしかないのですか？

通常子どもの世話での欠勤は賃金補償されません。
政府の公的支援を活用してください。

コロナの影響で保育園や小学校が臨時でお休みとなり、保護者としては仕事を休まざるを得ないので、休んだ分の賃金はもらえないのかというのは大きな問題となりました。

通常、子どもの世話が必要なので仕事を休むという場合は、労働者の都合で欠勤したという扱いとなり、賃金は補償されません。

こうした場合、労働者は年休を使って、賃金の減額を避けながら仕事を休むという対応をすることが多いといえます。しかし、今回のコロナの影響で学校や保育園が臨時でお休みとなり、子どもの面倒を見なければならないというのが、働く側の都合によるものだと評価することには疑問があります。

年休を使わないと、あるいは、年休がないと賃金は減額になってしまうことに納得がいかないというのが子を持つ労働者の率直な気持ちではないでしょうか。

他方、会社としても、労働者の気持ちには共感しつつも、仕事を休ん

でいる状況で年休取得でもない限り、賃金補償をするというのは経済的な負担が重すぎるという実情もあると思います。

　政府は、こうした場合、事業主を支援するという方法で、労働者が有給の休暇をとることができるよう制度を設けています（※）（P54、55参照）。

※厚生労働省生活支援特設ホームページ
https://www.mhlw.go.jp/stf/seisakunitsuite/bunya/koyou_roudou/koyou/kyufukin/pageL07_00002.html

　具体的には、コロナの影響で小学校が臨時休業した場合に、その小学校に通う子どもの保護者である労働者の休職に伴う所得減少については正規・非正規を問わず、有給の休暇を取得させた企業を助成する制度を設けています。ここでいう「有給の休暇を取得させた」というのは労働基準法で労働者に付与されている年次有給休暇とは別に、賃金を保障した休暇を取得させた場合を指します。支給額は上限があるものの有給の休暇を取得した対象労働者に支払った賃金全額となります。上限は1日あたり8330円ですが、2020年4月1日以降に取得した休暇については1万5000円が上限となっています。適用されるのは、2020年2月27日から9月30日の間に取得した有給の休暇であり、春休み、夏休み等、学校が開校する予定のなかった日は対象から除外されています。

　使用者には、こうした政府の制度を積極的に活用して、子を持つ労働者が、年休を行使しなくても、有給のまま安心して休暇をとれるよう配慮していくことが求められています。

▶ 動画はコチラ ≫≫

コロナを理由に会社が休業した場合の賃金保障

Q3 私は飲食店を経営しています。従業員はアルバイトを含めて20名です。コロナの影響で売り上げが激減しています。そこで、会社を休業（一時帰休）して人件費を抑えたいと考えていますが、この場合に、会社が従業員に100％賃金を保障しなければならないのですか？

少なくとも平均賃金の60％を保障。場合によっては100％保障。雇用調整助成金制度を活用してください。

今回は、一時帰休の場合の賃金保障が問題になります。まず一時帰休とは何かを確認しておきたいと思います。

一時帰休というのは、雇用調整の手段として労働契約で取り決めた賃金額を変更せず、従業員を一時的に休業させて、その間の賃金を減額するという措置をいいます。

この場合、労働基準法26条に規定されている「休業手当」の支払いは必ず必要になります。

「休業手当」というのは労働基準法26条に定められた、労働者に対する賃金保障のことを指します。

休業した場合、賃金を保障してもらえないのではないかと思う人もいるかもしれませんが、労働基準法26条が定めている「休業手当」は、労働者の最低限度の生活を保障するため、法律が使用者に一定額の賃金の

支払いを義務付けた制度です。

　そして、「休業手当」は、労働者が休業せざるを得なくなった場合の最低限の賃金保障として法律によって使用者に支払いが義務付けられているものですから、天災地変などの不可抗力で休業するような状況でなければ、使用者は「休業手当」の支払義務を負うことになります。

　この場合、使用者は休業期間中の「休業手当」（平均賃金の100分の60以上）を支払わなければならないとされています。

　また、「休業手当」を支払った場合の使用者に対する公的支援制度としては、雇用調整助成金制度を活用することが考えられます。

　加えて、コロナ対応の特別の制度として、中小企業に雇用され休業手当の支払いを受けられない労働者に対する支援制度も設けられましたので、ぜひ活用してください（※）。

※厚生労働省ホームページ　https://www.mhlw.go.jp/stf/kyugyoshienkin.html

　さらに、ご質問にあるように、経営者が自主的判断で臨時休業にしたという場合、賃金を100％保障しなければならないかどうかはケースバイケースです。

① 一時休業をする必要性がどの程度あったのか、

② 労働者が受ける不利益はどの程度か、

③ 労使の交渉状況はどうか

　といった点をふまえて、合理性のある減額措置といえなければ100％賃金を保障する義務があることになります。

　そのため、事業継続が十分可能であるけれども、経済合理性をふまえると休業したほうがよいので一時休業をしたという場合には、原則100％保障義務が生じると考えておく必要があります。

▶ 動画はコチラ ≫≫

会社の閉鎖にともなう
従業員の賃金保障

Q4 私はカラオケ店を経営しています。従業員がコロナに感染してしまった場合に、一定期間お店を閉鎖することになると思うのですが、その場合、従業員には賃金を保障しなければならないのですか？

少なくとも平均賃金の60％を保障。
場合によっては100％保障。

A 事業所でコロナ感染者が発生した場合の従業員に対する賃金保障の問題です。

まず、コロナに感染した従業員に対する賃金保障の問題について見ていきましょう。

従業員が仕事をしているなかでコロナに感染したり、通勤が原因でコロナに感染したと認められる場合は労災保険（労働者災害補償保険）の対象となります。

この場合は、まず労働基準監督署に労災申請をして調査を受ける必要があり、労災として認定されれば、治療費は全額が労災保険から支給されます。

また、仕事を休めば、4日目からの休業については労災保険給付として、給付基礎日額の60％が休業補償給付として支給されます。

これに加えて、社会復帰促進事業等事業として、給付基礎日額の20％

が休業特別支援金として支給されます。

補償内容については、通勤災害の場合も同様です。

ざっくりとした言い方をすると、およそ80％の賃金について国から補償されます。

これに対して、使用者としては、労災の従業員が休みはじめた当初の3日間について平均賃金の60％を休業補償として保障することが必要です。加えて、従業員がコロナに感染したことについて、衛生管理の不備など使用者に過失があった場合には、労災保険給付ではカバーされない20％部分も含め、100％の賃金を保障する必要があります。

コロナは感染しても症状が出ないこともあり、経路が判明しないケースも多いようですが、感染リスクの程度に応じて、労災認定がスムーズになされるよう国も通達を出して対応しています。

コロナ禍では、ご質問にあるように、感染していない労働者も、店舗の閉鎖で休業することになるため、その場合の賃金保障をどうするかが問題になります。

この点については、まず労働基準法26条にもとづいて使用者は労働者に平均賃金の60％を休業手当として支給する必要があります。

休業手当の支払いに関しては、使用者は、雇用調整助成金を積極的に活用することで使用者の経済的な負担を軽減するという施策が設けられています。また、中小企業の労働者が休業手当の支払いを受けられない場合は、コロナ対応の特別な休業支援金制度として、労働者が国に直接請求する制度も創設されています（Q3参照）。

この点は内容をよくチェックして積極的に活用してみてください。

加えて、使用者が売上減少のなかで休業手当を支払うための手元資金で困らないように、政府も、事業者向けの資金繰り対策として、金融機関に実質無利子・無担保の融資や既存債務の条件変更を働きかけています。

また、補正予算の成立を前提に、中小・小規模事業者等に対する新たな

給付金も検討しているところですから、立法の動向についても注視していきましょう。

　最後に、コロナに感染していない労働者について、残りの40%分の賃金を保障することになるかについては、①感染者が出た原因、②休業の必要性、③労働者の受ける不利益の程度、④使用者の衛生管理について配慮の程度等によって判断されます。ケースバイケースの面がありますが、原則としては店舗閉鎖のために休業せざるをえない労働者に対して100%の賃金を保障しなければならないとされる可能性が高いので、使用者はこの点に十分留意してください。

▶ 動画はコチラ ≫≫

第2章　解雇・契約解除

DISMISSAL

売上げ低下による
解雇・契約解除

Q5 コロナ感染拡大の影響により経営が厳しくなったという理由で、私が担当していた取引先との取引が終了してしまいました。そうしたところ、社長は、取引先との取引が終了したのはお前のせいだと言って、私を解雇すると言ってきたのです。このような解雇は許されますか。

そんな解雇は無効です。コロナの影響があったとしても
解雇ルールは変わりません。
解雇のルールをきちんと守る必要があります。

コロナの影響によって、休業要請による店舗の休業や外出自粛などが行われたことで、経営が悪化する企業が増えてきました。このような中、各企業では企業経営継続のためにさまざまな努力がなされていることかと思います。

その一方で、コロナによる経営悪化を口実にして、理由もなく従業員を解雇するという動きが急増することが懸念されています。

▍解雇をするにはきちんとした手続を踏む必要があります

コロナの感染拡大というこれまでに前例のない事態があるからといって、決して法律で定められた解雇のルールは緩和されません。従業員を解雇するには、法律で定められた解雇のルールを守る必要があります。

　従業員を解雇する場合の手続きとして、使用者には解雇予告義務が定められています。

　具体的には、①解雇を行う30日前に、従業員に対して解雇を通知するか、あるいは、②30日前に通知する代わりに、従業員に対して30日分以上の平均賃金を支払う必要があります。

　また、従業員を解雇するには、客観的に合理的な理由（解雇の合理性）と社会通念上の相当性（解雇の相当性）の2つの要件が必要となり、この2つの要件を満たさない解雇は無効となります。

　さらに、コロナの影響により取引先の業績が悪化して売上が減少してしまうという事態も多く発生しているところですが、こうした事態に直面した事業主のために持続化給付金（P51参照）や特別な融資制度等の公的支援も設けられています。ご質問のようなケースでは、担当者に売上減少の責任を押し付ける形で解雇してもおよそ解雇の合理性や相当性を満たすとは言えませんから解雇は無効となります。こうした場合、使用者としては気持ちを落ち着けて、公的支援を活用することで危機的状況を乗り越えることができないかを検討する必要があるといえます。

パート・アルバイトの場合

　以上は、いわゆる正社員を前提にして解説しましたが、パート従業員やアルバイト従業員を解雇する場合も、解雇のハードルが下がるわけではありません。

　期間の定めがないパート従業員やアルバイト従業員であれば、同じく客観的に合理的な理由と社会通念上の相当性という2つの要件が必要となります。また、期間の定めがある場合には、さらにハードルが高い「やむを得ない事由」という要件が必要となります。

派遣労働者の場合

　さらに、派遣元と派遣先との労働者派遣契約が、コロナの影響によって解除されたとしても、派遣元の会社は、派遣先で働いていた派遣労働者を直ちに解雇できるわけではありません。この場合も、前述の解雇のルールに従わなければなりません。

　期間の定めのない派遣労働者の場合は、客観的に合理的な理由と社会通念上の相当性という2つの要件が必要ですし、期間の定めがある場合は「やむを得ない事由」という要件が必要となります。ところで、リーマンショックのときには、いわゆる派遣切りが社会問題となったことはご存じの方も多いでしょう。あの当時は派遣労働者が契約期間途中で雇用を打ち切られ、生活の糧を突然奪われてしまい路頭に迷っているといったニュースが連日報道されていました。

　しかし、意外に思われるかもしれませんが、法的には期間の定めがある場合の期間途中の解雇は、期間の定めのない労働者（正社員）に対する解雇よりも、使用者にとって解雇のハードルが高くなり、期間満了を待つことができないほど切迫した事情がなければならないと考えられています。リーマンショックのときの有期雇用労働者の契約期間途中での解雇も裁判で争った場合には、少なくとも残りの期間分の賃金相当額を支払うよう命じる判断が出る可能性が高かったといえます。今回のコロナ禍でも未曽有の経済危機を招来する可能性があります。しかし、だからといって前述したパート・アルバイト、派遣労働者も含めた非正規労働者を契約期間途中で解雇することは容易に認められないのだということも肝に銘じておく必要があるわけです。

　このように、コロナによる経営悪化があるとしても、従業員を解雇するには法律で定められた厳しいハードルをクリアしなければなりません。　　　　▶動画はコチラ ≫≫

店舗閉店による解雇

Q6 全国チェーンの飲食店で働いています。もともと、全国で数百店舗を出店していた会社なのですが、コロナの感染拡大による営業自粛によって経営が厳しくなったという理由で、4割近くの店舗を閉店し、その店舗で働いていた従業員を全員解雇するとのことでした。私が働いていた店舗も閉店することになってしまったため、私も解雇対象者となってしまいました。このまま、解雇を受け入れるしかないのでしょうか。

「会社の経営が厳しい」という理由だけで、従業員を解雇することはできません。

コロナの影響によって、休業要請による店舗の休業や外出自粛などが行われたため、経営が悪化する企業が増えてきました。なんとか経営を立て直すために、さまざまな努力が各企業で行われていますが、どうしても事業規模を縮小しなければならず、従業員を解雇して人員を削減しなければならないと考える企業もあるかと思います。

整理解雇の4要素を満たす必要がある

しかし、コロナの感染拡大というこれまでに前例のない事態だとしても、従業員を解雇するには、法律で定められた解雇のルールに従わなければなりません。従業員を解雇するには、客観的に合理的な理由（解雇

の合理性）と社会通念上の相当性（解雇の相当性）という2つの要件が必要です（Q5参照）。

　特に、今回のように、企業の経営状況を理由とした解雇は、整理解雇と言われており、客観的に合理的な理由と社会通念上の相当性という2つの要件をさらに具体化した、「整理解雇の4要素」と呼ばれる要素の検討が必要となります。

　整理解雇を行うには、具体的には、①人員削減の必要性、②解雇回避努力、③解雇対象者の人選の合理性、④手続の相当性という4要素を検討しなければなりません。

　まず、①人員削減の必要性については、単にコロナの影響で売り上げが落ちたという抽象的な内容では足りず、客観的資料にもとづいて具体的に必要性が示されなければなりません。

　次に、②解雇回避努力については、解雇前に休業措置を取ったか、解雇を選択する前に希望退職者の募集をしたか、役員報酬の削減などを行ったかなどの解雇を回避するための方策を講じる必要があります。

　さらに、③人選の合理性については、恣意的な人選にならないように、解雇者を選択するための合理的な基準を策定する必要があります。

　そして、最後に、④手続の相当性として、人員削減の必要性や企業が行った解雇回避努力の内容、どのような基準で解雇の対象者を選定したかなどの事情を労働者に説明し、誠意をもって協議を行うことが求められています。

　このように、整理解雇を行うには、かなり高いハードルが課されています。以上のような検討もせずに、いきなり「会社の経営が厳しい」という理由のみで、従業員を解雇することはできません。

　ご質問の場合についても、このような検討がなされていない場合には、解雇は無効となります。

▶ 動画はコチラ ≫≫≫

コロナ感染を理由の解雇

Q7 先月、コロナに感染してしまいました。最近、ようやく回復して、他者への感染リスクもないとのことで、出勤が許されたので、会社に出勤しました。ところが、社長から、コロナ感染者を出したことで休業を余儀なくされて会社の経営が悪化し、また、会社のイメージが毀損されたという理由で、解雇を言い渡されました。このような解雇は許されますか。

コロナ感染を理由とした解雇はできません。

A コロナの感染が猛威をふるっており、誰もが感染への恐怖を抱えています。そのため、感染したことがある者と接触することで、自分もコロナに感染するのではないかと考えるなど、感染経験がある人への偏見が懸念されます。

コロナへの感染が労災に当たる場合は解雇禁止

コロナに感染した人も、感染したくて感染するわけではありません。いつ、どこで感染するかという危険性は、全員に等しくあります。例えば、職場で感染が広まる可能性もあるのです。

職場での感染が広まった場合は、業務中の感染として、労災に該当する可能性が高いところです。コロナへの感染が労災と認められた場合は、その治療中は、「業務上の負傷や疾病による療養のために休業する

期間」に該当することになりますので、コロナの治療期間中とその後30日間は解雇が禁止されることになります。

　したがって、ご質問の場合のように、復帰後すぐに解雇することはできません。

感染者への責任追及は原則禁止

　また故意にコロナ感染を広めたりしたような悪質性がない限り、感染者個人に責任追及することは認められません。厚生労働省労働基準局安全衛生部長が労使団体に対して発出した「新型コロナウイルス感染症の大規模な感染拡大防止に向けた職場における対応について（要請）」と題する通達（令和2年3月31日　基安発0331第1号等）では「新型コロナウイルスの陽性者や濃厚接触者（以下、陽性者等）が発生した場合の対応ルールの策定を呼びかけており、そのルールには「労働者が陽性者等になったことをもって、解雇その他の不利益な取扱いや差別等を受けることはないこと」を盛り込むよう求めています。事業者としてはこうした要請に沿った対応が求められるといえます。

解雇には客観的合理的理由と社会通念上の相当性が必要

　コロナへの感染が労災に該当しないとしても、解雇には、客観的に合理的な理由と社会通念上の相当性という2つの要件が必要となります（Q5参照）。

　ご質問のように、コロナに感染したという理由だけでは、客観的に合理的な理由はなく、社会通念上も相当ではなく、むしろ陽性者等に対する不当な不利益取扱いであると評価されますので、解雇は無効となります。

パートやアルバイト、派遣でも正社員の場合と同様

　また、これまでお話しした内容はいわゆる正社員の場合ですが、パー

ト従業員やアルバイト従業員にも同様のことが言えます。

　パート従業員やアルバイト従業員がコロナに感染したことが、労災に該当する場合は、コロナの治療期間中とその後30日間は解雇が禁止されます。

　仮に、労災に該当しなくても、期間の定めがないパート従業員等の場合には、客観的に合理的な理由と社会通念上の相当性という2つの要件が必要となりますし、期間の定めがあるパート従業員などの場合には、それよりもハードルが高い「やむを得ない事由」という要件が必要となります。

　コロナに感染したという理由は、どちらの場合でも、解雇の要件を満たさないと考えられるので、解雇は無効となります。

　さらに、派遣労働者がコロナに感染したことを理由に、派遣元が派遣先から労働者派遣契約を解除されたとしても、派遣元の会社が、派遣先で働いていた派遣労働者を解雇するには、これまでお話しした解雇のルールが同じように適用されます。

　このように、コロナに感染したことを理由として、従業員を解雇することはできません。

▶ 動画はコチラ ≫≫

「次回の契約は更新しない」 と言われたら

Q8 有期雇用契約で事務職員として働いています。期間は1年間となっていますが、採用時には、「基本的には契約が更新されます。」との説明を受けました。また、これまで2回契約が更新され、現在、働き始めてから3年目になり、1か月後には3回目の契約更新がされるはずでした。ところが、今回のコロナの感染拡大による営業自粛により、余剰人員が生じたのか、「次回の契約は更新しない。」と言われてしまいました。私は、このまま契約不更新を受け入れなければならないのでしょうか。

コロナ禍でも当然に「雇止め」が認められるわけではありません。

A コロナの影響によって、休業要請による店舗の休業や外出自粛などが行われたため、経営が悪化する企業が増えてきました。なんとか経営を立て直すために、さまざまな努力が各企業で行われていますが、どうしても事業規模を縮小しなければならず、余剰人員を削減しなければならないという判断もあるかと思います。

その場合、正社員として働いている人を解雇するよりも、まずは、有期雇用で働いているパートやアルバイトで働いている人の契約を更新しないという選択がなされることもあると思います。

雇止めにも法律のルールがあります

　有期労働契約が更新されずに期間満了で終了することを「雇止め」（やといどめ）といいます。使用者が、「雇止め」を行う場合には、法律でルールが定められており、このルールは、コロナの影響により雇止めをするという場合であったとしても、守らなければなりません。

　例えば、契約が更新されると期待することが合理的な場合には、その時期に雇止めをすることについて、客観的に合理的な理由と社会通念上の相当性という2つの要件が必要となります（Q5参照）。この要件を満たさないと、「雇止め」は無効となります。

　問題となるのは、どのような場合に更新の合理的期待があるとされるかという点です。この点については恒常的に基幹的な業務を担っているといえるか、更新の回数の多さ、雇用の通算期間の長さ、更新ごとにきちんと契約書が作り直されていたのか、それとも更新手続きがルーズになされていたのか、雇用継続への期待を持たせる使用者の言動の有無等から判断されると考えられています。ご質問の場合は、「基本的には契約が更新される」との説明を受けていたということですので、雇用継続への期待を持たせる使用者の言動があったとはいえるでしょう。これに加えて1年間の契約を2回更新されていることも重要な要素とはなります。実際にも使用者の説明のとおり、基本的に契約が更新されるという取扱いがなされていたといえるならば、今後も契約が更新されると期待するのは合理的といえます。ですから、ご質問の場合に、上述のような諸条件を満たしていると考えるならば、雇止めを行うには、この客観的に合理的な理由と社会通念上の相当性という要件が必要となります。

整理解雇の4要素に準じた判断が必要

　ご質問の場合は、人件費を削減するという企業側の事情によって雇止

めを行う場合です。

　この場合、かつては、正社員（期間の定めのない労働契約）を解雇する場合よりは、雇止めをすることが認められやすいと考えられてきました。もっとも、現在では、このような理由で有期雇用の労働者を雇止めをする場合には、客観的に合理的な理由と社会通念上の相当性という2つの要件を判断するにあたり、整理解雇の4要素に準じて、①人員削減の必要性、②解雇回避努力、③解雇対象者の人選の合理性、④手続の相当性を検討しなければなりません（Q6参照）。

　特に短時間労働者及び有期雇用労働者の雇用管理の改善等に関する法律（パート・有期雇用法）8条「事業主は、その雇用する短時間・有期雇用労働者の基本給、賞与、その他の待遇のそれぞれについて、当該待遇に対応する通常の労働者の待遇との間において、当該短時間・有期雇用労働者及び通常の労働者の業務の内容及び当該業務に伴う責任の程度（以下「職務の内容」という。）、当該職務の内容及び配置の変更の範囲その他の事情のうち、当該待遇の性質及び当該待遇を行う目的に照らして適切と認められるものを考慮して、不合理と認められる相違を設けてはならない。」としています。大企業は今年の4月1日から、中小企業も来年の4月1日からこの規定が適用されることになっています。ところで、ここでいう「待遇」には、基本的にすべての賃金、教育訓練、福利厚生施設、休憩、休日、休暇、安全衛生、災害補償、解雇等のすべての待遇が含まれると考えられています。そのため、労働契約に関連する全般にわたり、不合理な差を設けてはいけないとされているわけです。そうすると、整理解雇にあたり、有期雇用労働者については雇用の調整弁であるので、真っ先に雇止めするという対応を使用者がとった場合に、これはパート・有期雇用法8条違反となる可能性もあるわけです。こうした観点からも、使用者は有期雇用の労働者を単なる雇用の調整弁と考えて、人件費抑制の観点からよく検討もせずに雇止めすると、その効力は認められない可能性

があることに留意すべきでしょう。

　ご質問の場合には、整理解雇に準じた慎重な検討せずに雇止めがなされたのであれば、その雇止めの効力は認められないと考えます。

▶ 動画はコチラ ⟫⟫

コロナを理由に採用取消し

Q⑨ 昨年（2019年）10月にある企業から内定をもらい、今年（2020年）4月から新入社員として働く予定でした。何事もなければ、すでに働き始めていたのですが、コロナによる影響で経営が厳しくなったためか、急遽、新入社員の採用をやめる方針にしたとの連絡が会社から入り、私の内定が取り消されてしまいました。このような内定取消しは許されますか。

内定取消は解雇に準じて判断されます。

A コロナの影響によって、休業要請による店舗の休業や外出自粛などが行われたため、経営が悪化する企業が増えてきました。なんとか経営を立て直すために、さまざまな努力が各企業で行われていますが、どうしても事業規模を縮小しなければならなくなり、既に内定を出していた新入社員の採用を急遽取りやめにするということが問題となりました。

内定取消しの要件

さて、まずは「内定」についてご説明します。内定関係が成立しているということになりますと、法的には労働契約が成立しているということになります。もっとも内定は、一般的には、就労し始める時期あるいは契約としての効力が発生する時期が労働契約を結んだ時期（内定確定の時期）とがずれるという特殊性があります（始期付き）。加えて新卒者であれ

ば卒業単位が不足して卒業できない場合などには当然内定取消しとなることが予定されていますので一定の場合に解約されてしまうことが織り込み済という点でも特殊性があります（解約権留保付き）（※1）。こうしたやや特殊な内容を含んでいるわけですが、いずれにしても内定時に労働契約が締結されたと解されています。そのため、いわゆる「内定取消し」は、この労働契約に留保された「解約権の行使」、すなわち特殊な労働契約の解約として位置付けられています。

※1　「始期付き」＝契約内容の始期が契約を結んだ日と違う。「解約権留保付き」＝解約する権利をとどめている状態。

　この留保された「解約権の行使」が適法と認められる場合については、一般的に、「採用内定当時知ることができず、また知ることが期待できないような事実であって」、「解約権留保の趣旨、目的に照らして客観的に合理的と認められ社会通念上相当として是認することができるものに限られる」（※2）と解されています。

※2　例えば、「大学を卒業できない」「体をこわす」など。

　ご質問のようなコロナによる経営悪化という事情は、採用内定を出した段階では、誰もが予想しなかった事情ですから一応内定取消事由があるということはできるでしょう。問題となるのは、内定を取り消すことが、客観的に合理的な理由と社会通念上の相当性という要件を満たすかという点です（Q5参照）。

経営悪化という企業側の事情による内定取消し

　一般に、企業の経営が悪化したことを理由に人員を削減する場合、既に働いている従業員を解雇して人員を削減するよりも、内定は出しているけれども、実際にはまだ働いていない新入社員に対して内定の取消しを行って人員を削減するほうが、認められやすいという実情があります。また採用予定者を既存の従業員より先に削減対象とすることはやむ

を得ないと考えるのが常識にも沿うところです。

　もっとも、だからといって、無制限に内定の取消しが認められるのではなく、この場合には、整理解雇の4要素に準じて、①人員削減の必要性、②解雇回避努力、③解雇対象者の人選の合理性、④手続の相当性を検討しなければなりません（Q6参照）。

　このような要素を検討せずに、単に人員を削減する必要があるという理由だけで行われた内定の取消しは、客観的に合理的な理由がなく、社会通念上相当とはいえないとして無効となります。

　通常は、内定取消をする必要性があり、これを避けがたいとしても、取消を選択せざるを得ない必要性や具体的な理由について内定者によく説明し、内定取消後の支援策（一定程度の生活保障ないし再就職支援等）を提案し真摯に対応する必要があるとえいます。

　ご質問の場合にも、ただ経営が苦しいんだから仕方ないだろという形で内定が取り消されたのであれば、その内定の取消しは無効となると考えます。

▶ 動画はコチラ ≫≫

テレワーク（自宅作業）

Q10 コロナの流行で外出自粛を要請されているなかで、会社が営業を続けている場合、労働者が外出することを控えたいと考えている場合もあると思います。会社にテレワーク（自宅作業）をすることを申し出るのは、可能でしょうか？ また、会社は、その労働者の申出に対してどのような対応をするべきなのでしょうか？

申し出をすること自体問題はありませんが、会社と合意の上でうえで、自宅作業をするようにしてください。

　労働条件は労使双方で話し合って決めるべきですので、労働者からそのような希望を会社に伝えることも可能です。しかし、労働者自身の判断で一方的にテレワークに転換することまでは認められません。

　電車やバスは、密室空間であり、乗客が密集している空間でもありますので、テレワークができるのであれば出社の際の感染リスクを抑えることができます。特にコロナに感染していても無症状という方が増えているとの指摘もある中では、夜の繁華街での飲食でなくとも市中感染する危険も一定程度はあるでしょう。そのため使用者とテレワーク実施に向けて協議を重ねることが重要といえます。

　それでは、会社は、労働者からテレワークの希望が述べられても何も対応をしなくてよいのでしょうか。

　この点について厚生労働省は労使団体に対して、新型コロナウイルス感染症の大規模な感染拡大防止に向けた職場における対応についての通達（令和2年3月31日　基安発0331第1号等）を発し、①密閉空間、②密集場所、③密接場面──といった、いわゆる「三蜜」の回避の徹底を要請し労使ともに感染拡大防止に向けて、平時とは異なる行動を心がけるよう要請しています。

　内容としては、大規模な感染拡大防止等に向けた対策として、職場内での感染防止行動の徹底や通勤・外勤に関する感染防止行動の徹底について具体的に解説し、在宅勤務・テレワークの活用を提言しています。こうした要請が出ていることも考慮し、労働者からテレワークなどの実施についての申し出があれば真摯な検討が必要となるといえるでしょう。

　もちろん会社によっては業種その他の事情があってテレワークが難しい場合もあると思いますが、労働者に対して安全配慮義務を負い、マスク着用やパーテーションの設置など職場の状況に応じ必要な感染予防措置をとる必要があります。会社は、十分な感染予防措置を整え、労働者に対してその状況を説明するなど労働者の不安が解消できるよう努力するべきといえます。仮に感染リスクが高い業務に従事させるような場合に、それが労働契約で予定された業務内容の範囲に含まれるのかを検討し、業務として担当することが予定されていたても十分な感染予防措置をとったうえで適切な就労環境整備が行われる必要がありますので、こうした十分な感染予防措置を行わないまま無理やり 会社へ出社させて就業を命ずるのであれば、その出勤命令が権利濫用と評価される場合もあるため注意が必要です。

▶ 動画はコチラ ≫≫

時差出勤

Q11 コロナ感染を恐れた労働者が、通常出勤ではなく時差出勤の申出をすることは可能でしょうか？ それに対して、会社は、どのような対策をすべきでしょうか。

労働者が一方的に時差出勤をするかどうか
決めることができるわけではありません。

労働条件は労使双方で話し合って決めるべきですので、労働者からそのような希望を会社にお伝えすることも可能です。しかし、労働者が一方的に時差出勤をするかどうか決めることができるわけではありません。

時差出勤では、ラッシュ時の通勤電車やバスへの乗車を避けることができ、密集空間を避けることができる点で感染症予防に役立つと考えられます。時差出勤とはどのようなものかを整理すると、時差出勤とは、出退勤時刻を変更することを意味するものといえます。出退勤時間は、就業規則や労働契約書で定められておりますので、この点は労使双方で確認しておく必要があります。労働契約上は使用者が一定の場合に業務命令によって出退勤時刻の変更を認めている場合もあるかと思いますが、こうしたルールがあらかじめ定められていない場合でも、就業規則に抵触しない範囲で、労使の合意により始業、終業時刻を変更することは可能です。業種や事業内容によるかもしれませんが、使用者が感染予

防措置を講じる必要があることを踏まえ、時差出勤の内容や方法について労使で十分な協議をすることが必要です。

　さらに、これを契機に、始業、終業の時刻を労働者の決定に委ねる制度としてフレックスタイム制を導入するという会社もあると思います。コロナ感染症が蔓延するなかにおいて効率的な働き方をするため、フレックスタイム制を前提として、テレワーク・時差出勤を活用して、オフィス勤務の日には労働時間を長く、在宅勤務の日には労働時間を短くするという運用を行うわけです。フレックスタイム制の導入には、就業規則改訂や労使協定の締結が必要となりますので、会社は、労働者のニーズや事業内容を踏まえて導入を検討されるとよいでしょう。

1 WAGES

2 DISMISSAL

3 SAFETY AND HEALTH

DOCUMENTS

▶ 動画はコチラ ≫

休暇の申請
（子どもの対応での休暇）

Q 12 学校や保育園などの閉鎖により、子どもの世話のために会社を休まざるを得ない場合もあるかと思いますが、会社は労働者に対してどのような配慮が考えられるでしょうか？

助成金を活用して、有給の休暇を設けるなどの配慮が望ましいといえます。

育児介護休業法では、小学校就学前の子を養育する労働者に対して、1年に5日まで、病気をした子の看護や予防接種を受けさせるための休暇の取得を認めています。現在は学校や保育園の閉鎖も解除された地域が多いところでありますので、お子さんが感染症にかかってしまった場合やワクチン接種ができるようになった場合には、この看護休暇を取得することも考えられます。

しかし、残念ながら子の看護休暇の制度は、コロナ感染症を想定したものではありません。学校閉鎖の場合には取得理由に該当するといえませんし、そもそも認められている休暇日数が少ない点で問題があります。また、単に休むことができるというものに過ぎませんので、労働者は収入が減ることになってしまいます。労働者は、有給休暇を取得してお子さんのお世話をしなければならないというのが実情ではないかと思います。

この問題に対応するため「小学校休業等対応助成金」（P54、55参照）が

整備されており、コロナ感染症に関する対応として、小学校などが臨時休業した場合や保育所などから利用を控えるよう依頼があった場合に賃金を全額支給する休暇を与えたり、事後的に取得された有給休暇を特別休暇に振り替えた場合に助成金を支給するものとしています。

　会社の経営体力にも限りがあるとは思いますので、このような助成金の受給を積極的にしていただき、労働者が安心して休暇を取れる体制を整備することが望ましいといえます。

▶ 動画はコチラ ≫≫

マスクの着用
（特に飲食店などの接客業）

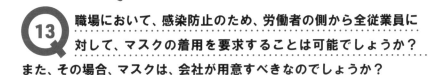

13 職場において、感染防止のため、労働者の側から全従業員に対して、マスクの着用を要求することは可能でしょうか？また、その場合、マスクは、会社が用意すべきなのでしょうか？

使用者は安全配慮義務がありますので、職場の状況によっては、労働者にマスクの着用を義務付けることができる場合もあります。

　労働条件は労使双方で話し合って決めるべきですので、労働者からそのような希望を会社に伝えることも可能です。また、使用者は安全配慮義務がありますので、職場の状況によっては、労働者にマスクの着用を義務付けることができる場合もあります。マスクの着用義務付けとの関係で検討すべきなのは、マスクを着用したくない労働者への義務付けが可能かという問題と、マスクを着用することとして日々のマスクの調達（手配と費用負担）を誰の責任で行うのかという問題です。

　職場のルールをどのように設定するかは、使用者である会社に裁量があります。会社は、作業着などと同じくマスク着用を義務付けるか否か判断することができます。ただし、会社は、法律上、労働者がその生命、身体等の安全を確保しつつ労働することができるよう必要な配慮をしなければなりません（労働契約法5条）。現在、コロナ感染症が流行していますので、会社は、特に感染予防措置を講じる必要があり、具体的には感

染防止に必要な職場のルールを整えたり、労働者に対して感染防止対策が徹底されるよう教育指導しなければならないといえます。

　しかもコロナ感染症の感染防止については、WHOや政府の専門家会議でもマスク着用が推奨されておりますので、職場が「三密」の場合などには、感染予防措置としてマスクを着用させることは、安全配慮義務を履行する観点からすると、合理的な感染予防措置といえます。

　そして、使用者はこうした安全配慮義務を、労働契約を締結している労働者一人ひとりとの間で負担しているわけです。ですから、一部の労働者がマスクの着用は嫌だと言っても、他の従業員に対する安全配慮義務の履行上不可欠な感染予防措置といえるならば、当該職場における感染予防措置としてマスクの着用義務を、労働者の同意にかかわらず、課すことは可能であるといえます。その点では労働者は職場全体の感染予防（安全配慮義務の履行）のために一定の協力義務（受忍義務）があるといえるわけです。

　一方で、夏場は、マスク着用により熱中症にかかってしまうリスクがあるとの報道もあります。その他その職場に応じてマスク着用に支障が生じる場合があるかもしれません。使用者は、労働者から実態を適宜確認するなどして、職場の実情に応じた感染予防措置を柔軟かつタイムリーに講じることが重要といえます。

　次にマスク着用を職場のルールとする場合、マスクを会社が調達すべきか、労働者が調達すべきか問題となります。労働基準法では、使用者は、労働契約締結に際して「労働者に負担させるべき食費、作業用品その他に関する事項」を明示しなければならないとしています。また、この点は、就業規則で記載しなければならない事項でもあります。労働契約書や就業規則でこの点を記載していないのであれば、マスク着用の義務化は使用者の安全配慮義務の履行という使用者側の責任範囲の問題でもあることから、使用者の責任においてマスクを調達することになり

ます。なお、労働契約書や就業規則でマスクの調達ルールを決めるとしても、衛生用品を労働者の自腹で負担させるということ自体が異例ですし、その費用を労働者に全額負担させることは公平を欠くきらいがありますので、この点には十分配慮すべきと考えます。

▶ 動画はコチラ ≫≫

営業職には
自宅作業を認めない?

Q14 コロナの影響で、事務職に対しては、テレワーク(自宅作業)を実施するが、営業職については、テレワーク(自宅作業)を認めない場合があります。それは取扱いとして不公平ではないでしょうか? その場合の会社が採るべき対策や労働者からの会社に対する要求はどのようなものが考えられるでしょうか。

自宅作業を認めない場合、
徹底した安全配慮義務にもとづく十分な感染予防措置を
講じることが前提になります。

　職種によって異なる取扱いをすることも可能な場合がありますが、従業員間の不公平感や不満を緩和できるよう合理的な対応が必要です。

労働者にテレワークが認められた場合、通勤電車に乗車しなくてもよいなど、出社の際の感染リスクを抑えることができます。就業場所は労使の合意で決定される事項であり、使用者は任意の労働者に対してのみテレワークを認めることも可能ですので、どの職種でテレワークを実施の決定も会社の判断に左右される事項といえます。

　ただし、会社は、合理的な理由もなく異なった取扱いをすることは許されません。

　今回のケースでは、営業職にはテレワークを認めないというものですが、前提として、マスク着用、パーテーション設置、換気や手洗いの徹底

など安全配慮義務にもとづく十分な感染予防措置を講じる必要があると
いえます。そのうえで、営業職は、事務職と異なり顧客との面談が必要
であるという事情などがあれば、営業職にはテレワークを認めないとの
取扱いも許されると思います。この点では、出社をされる営業職の労働
者から会社に対して、適切な感染予防措置を講じてほしいとの要望を出
されることが考えられます。

　とはいえ、このような異なる取扱いが許されるとしても、事実上、職
場で不公平感や不満がたまることが想定されます。会社は、事前になぜ
このような区別した取扱いをするのか、いつまでこのような措置を講じ
るのか、出社する労働者には特別に何か手当を出すのか事前によく検討
をして、労働者に対して説明をしておくことが求められます。

▶ 動画はコチラ ⋙

コロナに感染してしまったら

Q15 コロナに感染した場合、それが仕事上の感染であれば、労災が認められるのでしょうか？ その場合、どのような補償が受けられるのでしょうか？ 労働者の対応と会社の対応を教えてください。

業務に起因したものと認められる場合には、労災保険給付の対象となります。

業務により感染した可能性が高く、業務に起因したものと認められる場合には、労災保険給付の対象となります。

コロナ感染症に感染した場合も、業務起因性（業務により感染したこと）が認められれば業務上災害として労災保険給付の対象となります。

どのような場合にこの業務起因性が認められるかにつき、厚生労働省の令和2年4月28日付通達では、国内で発症した場合、①医療従事者等は原則として労災保険給付の対象としています。また、②医療従事者等以外の労働者であっても感染経路が特定され、感染源が業務に内在していたと明らかに認められる場合にも労災保険給付の対象としています。さらに、③個々の事案ごとの判断にはなりますが、感染経路が特定されない場合であっても、感染リスクが相対的に高いと考えられるときにも労災保険給付が認められる場合もあるとされています。具体的には、二人以上の施設利用者の感染が確認されるなど複数の感染者が確認された

職場での業務をしていたり、小売業の販売業務、バス・タクシー等の運送業務、育児サービス業務に従事しており顧客等との接触の機会が多い場合がこれにあたるとされています。

　コロナ感染症に関していえば、治療費が公費で賄われることになっておりますので、労災保険給付として休業補償給付の受給ができることが重要です。労働者は、特別支給金も併せて、休業4日目から休業1日につき給付基礎日額の80％相当額を受給することができます（Q4参照）。なお、仮に労災と認められなくても傷病手当金の受給ができる場合もありますので、コロナ感染症にかかってしまった場合には、賃金保障の点も含めて会社にご相談されることをお勧めいたします。

　会社は、労働者からの労災申請や傷病手当金の申請につき、事業主として必要な証明をしなければなりません。特に、労災申請に関しては、事業主は、労働者が請求その他の手続を行うことが困難である場合には必要な手助けをする必要もあります。実際上の留意点としては、申請から実際の給付まで相応の日数が必要となりますので、労働者から事業主証明を求められた場合には迅速に対応するべきといえるでしょう。

▶ 動画はコチラ 》》

緊急小口資金・総合支援資金（生活費）

各都道府県社会福祉協議会では、新型コロナ感染症の影響による休業や失業等により生活資金でお悩みの方々へ、特例貸付を実施しています。

■ 緊急小口資金（一時的な資金が必要な方［主に休業された方］）

緊急かつ一時的に生計の維持が困難となった場合に少額の費用の貸付を行います。

対象者 新型コロナウイルス感染症の影響を受け、休業等により収入の減少があり、緊急かつ一時的な生計維持のための貸付を必要とする世帯
※新型コロナウイルスの影響で収入の減少があれば、休業状態になくても対象となります。

貸付上限額 学校等の休業、個人事業主等の特例の場合、20万円以内
その他の場合、10万円以内

据置期間 1年以内

償還期限 2年以内　　　　**貸付利子・保証人**　無利子・不要

■ 総合支援資金（生活の立て直しが必要な方［主に失業された方等］）

生活再建までの間に必要な生活費用の貸付を行います。

対象者 新型コロナウイルス感染症の影響を受け、収入の減少や失業等により生活に困窮し、日常生活の維持が困難となっている世帯
※新型コロナウイルスの影響で収入の減少があれば、失業状態になくても対象となります。

貸付上限額 （2人以上）月20万円以内
（単身）　　月15万円以内　　（貸付期間：原則3月以内）

据置期間 1年以内

償還期限 10年以内　　　　**貸付利子・保証人**　無利子・不要

※1 今回の特例措置では新たに、償還時において、なお所得の減少が続く住民税非課税世帯の償還を免除することができることとしています。
※2 まず、緊急小口資金で最大20万円を貸し付け、なお、収入の減少が続く場合等には、さらに総合支援資金で、2人以上世帯の場合は最大20万円を3ヶ月貸し付けることで対応。(最大80万円)

貸付手続きの流れ

申込みの方 → 申込み → 市区町村社会福祉協議会 又は労働金庫※ 又は取扱郵便局※ → 送付 → 都道府県社会福祉協議会

※ 労働金庫及び取扱郵便局で申込みを受け付けるのは緊急小口資金のみであり、総合支援資金については、お住まいの市区町村社会福祉協議会にご相談ください。

貸付決定・送金

ℹ️ ● **一般的なお問い合わせは相談コールセンター**
0120-46-1999　※ 9:00～21:00（土日・祝日含む）
● **生活支援特設ホームページ（特例貸付）はこちら**
● **お申込みはお住まいの市区町村社会福祉協議会又は労働金庫**
又は取扱郵便局にお電話ください。※　郵送でのお申込みもできます。

※ 多くの都道府県・指定都市社協のHPでは、"リンク集"や"市町村・区社協一覧（名簿）"として市区町村社協HPを掲載しております。右のQRコードよりご確認下さい。掲載されていない場合は、インターネット上の検索サイトを利用して検索をお願いします。

持続化給付金

新型コロナウイルス感染症拡大により、特に大きな影響を受ける事業者に対して、事業の継続を下支えし、再起の糧としていただくため、事業全般に広く使える給付金を支給します。

■ 給付対象者

○ 新型コロナウイルス感染症の影響により、

ひと月の売上が前年同月比で**50%以上**減少している事業者

※資本金10億円以上の大企業を除く、**中堅企業・中小企業、小規模事業者、フリーランスを含む個人事業者**を対象とします。また、**医療法人、農業法人、NPO法人など、会社以外の法人についても幅広く対象**となります。

■ 給付額

法人は**200万円**、個人事業者は**100万円**

（ただし、**昨年1年間の売上からの減少分が上限**です。）

売上減少分の計算方法

前年の総売上（事業収入）ー（前年同月比▲50%月の売上×12ヶ月）

持続化給付金事業 コールセンター
直通番号：0120-115-570　IP電話専用回線：03-6831-0613
受付時間：8時30分~19時00分
※6月（毎日）、7月から12月（土曜日を除く）
https://www.meti.go.jp/covid-19/pdf/kyufukin.pdf

【申請サイト】
「持続化給付金」の事務局HP
https://www.jizokuka-kyufu.jp

【申請要領・よくあるお問合せ等】
上記の事務局HPまたは、経済産業省HPよりご確認いただけます。
経済産業省HP（持続化給付金）
https://www.meti.go.jp/covid-19/jizokuka-kyufukin.html

雇用調整助成金 （特例措置）

雇用調整助成金は、経済上の理由により、事業活動の縮小を余儀なくされた事業主が、労働者に対して一時的に休業、教育訓練又は出向を行い、労働者の雇用維持を図った場合に、事業主の申請に基づき、事業主が労働者に支払った休業手当等の一部を助成する制度です。

新型コロナウイルス感染症の影響を受け、雇用調整助成金の内容を大幅に拡充し、手続きの簡素化を構じています。

■ 対象者（事業主）

新型コロナウイルス感染症の影響を受ける事業主
※売上等事業活動の状況を示す直近の**生産指標が、比較対象月と比べ5％以上減少**していること等の要件があります

■ 特例措置

○助成内容・対象の大幅な拡充
※令和2年4月1日から令和2年9月30日までの休業等に適用

① 休業手当等に対する助成率　中小企業4/5、大企業2/3
解雇等を行わない場合　中小企業10/10、大企業3/4
※助成額の上限　対象労働者1人1日当たり**15,000円**

② 教育訓練を実施した場合、**中小企業2,400円、大企業1,800円**　を加算します

③ **新規学卒者**など、雇用保険被保険者として継続して雇用された期間が6か月未満の労働者も助成対象としています

④ 1年間に100日の支給限度日数とは別枠で利用可能です

⑤ **雇用保険被保険者でない労働者の休業も対象**にしています

○活用しやすさ
※⑥のうち計画届提出不要措置及び⑦は令和2年5月19日以降の支給申請から適用

⑥ 申請書類を大幅に簡素化しています
添付書類等を削減し、**休業等計画届の提出は不要**としています

⑦ 助成額の算定方法等**申請手続きを簡素化**しています

> ● **支給要件の詳細**や**具体的な手続き**は厚生労働省ホームページをご確認ください。
> ● 事業所の所在地を管轄する労働局またはハローワークにて申請を受け付けております（窓口または郵送）。
> ● コールセンターで雇用調整助成金に関するお問い合わせに対応します。
> 0120-60-3999（受付時間　9:00～21:00（土日・祝日含む））

住居確保給付金（家賃）

新型コロナウイルス感染症の感染拡大等の状況を踏まえ、休業等に伴う収入減少により、離職や廃業に至っていないがこうした状況と同程度の状況に至り、住居を失うおそれが生じている方々に対しても、一定期間家賃相当額を支給できるよう拡充します。

■ 住居確保給付金

支給対象（現行）		拡大後
・離職・廃業後2年以内の者		・離職・廃業後2年以内の者 ・給与等を得る機会が当該個人の責に帰すべき理由・当該個人の都合によらないで減少し、離職や廃業と同程度の状況にある者

対象者　離職・廃業から2年以内または休業等により収入が減少し、離職等と同程度の状況にある方

支給期間　原則3か月（求職活動等を誠実に行っている場合は3か月延長可能（最長9か月まで））

支給額　（東京都特別区の目安）単身世帯：53,700円、2人世帯：64,000円、3人世帯：69,800円

支給要件

○ 収入要件：世帯収入合計額が、市町村民税均等割が非課税となる収入額の1/12＋家賃額（住宅扶助特別基準額が上限）を超えないこと
(東京都特別区の目安)単身世帯：13.8万円、2人世帯：19.4万円、3人世帯：24.1万円

○ 資産要件：世帯の預貯金の合計額が、以下を超えないこと（但し100万円を超えない額）(東京都特別区の目安)単身世帯：50.4万円、2人世帯：78万円、3人世帯：100万円

○ 求職活動等要件：誠実かつ熱心に求職活動を行うこと
※申請時のハローワークへの求職申込が不要になります（4月30日～）

等

ℹ ●一般的なお問い合わせは相談コールセンター
　0120-23-5572 ※ 9:00～21:00（土日・祝日含む）

●生活支援特設ホームページ（住居確保給付金）はこちら

●お申込みはお住まいの市町村の自立相談支援機関まで
全国連絡先一覧 https://www.mhlw.go.jp/content/000614516.pdf

小学校休業等対応助成金（労働者を雇用する事業主の方向け）

新型コロナウイルス感染症の影響により、小学校等が臨時休業等した場合等に、その小学校等に通う子どもの保護者である労働者の休職に伴う所得の減少に対応するため、正規・非正規問わず、有給の休暇（労働基準法上の年次有給休暇を除く。）を取得させた企業を助成します。

■ 対象者（事業主）

①又は②の子どもの世話を保護者として行うことが必要となった労働者に対し、労働基準法上の年次有給休暇とは別途、有給（賃金全額支給）の休暇を取得させた事業主。

① 新型コロナウイルス感染症に関する対応として、ガイドライン等に基づき、臨時休業等した小学校等（※）に通う子ども

※ 小学校等：小学校、義務教育学校の前期課程、各種学校（幼稚園又は小学校の課程に類する課程を置くものに限る）、特別支援学校（全ての部）、放課後児童クラブ、放課後等デイサービス、幼稚園、保育所、認定こども園、認可外保育施設、家庭的保育事業等、子どもの一時的な預かり等を行う事業、障害児の通所支援を行う施設等

② 新型コロナウイルスに感染した子どもなど、小学校等を休む必要がある子ども

■ 支給額

有給休暇を取得した対象労働者に支払った賃金相当額　×10／10

※ 支給上限は1日あたり8,330円
（令和2年4月1日以降に取得した休暇については15,000円）

■ 適用日

令和2年2月27日〜9月30日の間に取得した有給の休暇
※ 春休み・夏休み等、学校が開校する予定のなかった日等は除きます。

■ 申請期間

令和2年12月28日まで

- **支給要件の詳細や具体的な手続きは**厚生労働省ホームページをご確認ください。
　新型コロナ 休暇支援 **検索**
- **お問い合わせについては、**
学校等休業助成金・支援金、雇用調整助成金コールセンター
0120−60−3999
受付時間：9：00〜21：00（土日・祝日含む）

小学校休業等対応支援金（委託を受けて個人で仕事をする方向け）

新型コロナウイルス感染症の影響により、小学校等が臨時休業等した場合等に、子どもの世話を行うために、契約した仕事ができなくなった個人で仕事をする保護者へ支援金を支給します。

■■ 対象者（委託を受けて個人で仕事をする方）

①又は②の子どもの世話を行うことが必要となった保護者であって、**一定の要件**を満たす方。

① 新型コロナウイルス感染症に関する対応として、ガイドライン等に基づき、臨時休業等した小学校等（※）に通う子ども

※ 小学校等：小学校、義務教育学校の前期課程、各種学校（幼稚園又は小学校の課程に類する課程を置くものに限る）、特別支援学校（全ての部）、 放課後児童クラブ、放課後等デイサービス、幼稚園、保育所、認定こども園、認可外保育施設、家庭的保育事業等、子どもの一時的な預かり等を行う事業、障害児の通所支援を行う施設等

② 新型コロナウイルスに感染した子どもなど、小学校等を休む必要がある子ども

一定の要件

● 個人で就業する予定であった場合

● 業務委託契約等に基づく業務遂行等に対して報酬が支払われており、発注者から業務内容、業務を行う場所・日時などについて一定の指定を受けているなどの場合

■■ 支給額

就業できなかった日について、1日あたり4,100円（定額）

※ 令和2年4月1日以降の日については、1日あたり7,500円（定額）

■■ 適用日

令和2年2月27日～9月30日

※ 春休み・夏休み等、学校が開校する予定のなかった日等は除きます。

■■ 申請期間

令和2年12月28日まで

ℹ ● **支給要件の詳細**や**具体的な手続き**は厚生労働省ホームページをご確認ください。

● **お問い合わせ**については、
学校等休業助成金・支援金、雇用調整助成金コールセンター
0120－60－3999
受付時間：9：00～21：00（土日・祝日含む）

新型コロナウイルス感染症に関する
母性健康管理措置による休暇取得支援助成金

新型コロナウイルス感染症に関する母性健康管理措置として休業が必要とされた妊娠中の女性労働者が、安心して休暇を取得して出産し、出産後も継続して活躍できる職場環境を整備するため、当該女性労働者のために有給の休暇制度を設けて取得させた事業主を助成します。

■ 対象者（事業主）

①～③の全ての条件を満たす事業主が対象です。

令和2年5月7日から同年9月30日までの間に
①**新型コロナウイルス感染症に関する母性健康管理措置として**、医師または助産師の指導により、休業が必要とされた**妊娠中の女性労働者が取得できる有給の休暇制度**（年次有給休暇を除き、年次有給休暇の賃金相当額の**6割以上**が支払われるものに限る）を整備し、

②当該有給休暇制度の内容を新型コロナウイルス感染症に関する母性健康管理措置の内容とあわせて**労働者に周知**した事業主であって、

令和2年5月7日から令和3年1月31日までの間に
③当該**休暇を合計して5日以上取得**させた事業主

■ 支給額

対象労働者1人当たり
　　有給休暇 計5日以上20日未満：25万円
　　　　　　以降20日ごとに15万円加算（上限額：100万円）
　　※　1事業所当たり人数上限：20人まで

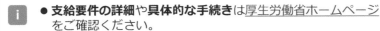

- **支給要件の詳細**や**具体的な手続き**は厚生労働省ホームページをご確認ください。
- 具体的なご相談・お問い合わせは、
　最寄りの都道府県労働局雇用環境・均等部室にお願いいたします。
　　受付時間：8：30～17：15（土日・祝日・年末年始除く）

令和2年度子育て世帯への臨時特別給付金

新型コロナウイルス感染症の影響を受けている子育て世帯の生活を支援する取組の一つとして、児童手当（本則給付）を受給する世帯に対して、臨時特別の給付金（一時金）を支給します。

■ 対象者

令和2年4月分（3月分を含む）の児童手当（本則給付）の受給者の方に支給します。

※対象児童は、令和2年3月31日までに生まれた児童で、令和2年3月まで中学生だった児童（新高校1年生）も含みます。

■ 支給額

対象児童1人につき、 **1万円**

令和2年3月31日時点での居住市町村から支給されます。

※新高校1年生については、令和2年2月29日時点での居住市町村から支給されます。
※令和2年4月1日以降転居された方は、転出元の市町村にお問い合わせください。

■ 申請手続

原則、申請は不要です。

対象の方には、令和2年3月31日時点での居住市町村からお知らせいたします。

※公務員については、所属庁が支給対象者であると証明した上で、本人が居住市町村に申請してください。

---

i ● **お問合せ先**
・令和2年3月31日時点（新高校1年生については令和2年2月29日時点）の居住市町村の「子育て世帯への臨時特別給付金」窓口
・制度全般については、
内閣府子育て世帯への臨時特別給付金コールセンター
0120-271-381
受付時間 9：00〜18：30 （土、日、祝日を除く）

低所得のひとり親世帯への臨時特別給付金

新型コロナウイルス感染症の影響による子育て負担の増加や収入の減少を支援するため、収入の少ないひとり親世帯の方に対し、臨時特別給付金を支給します。

■ 対象者

① 令和2年6月分の**児童扶養手当が支給される方**

② 公的年金等を受給しており、令和2年6月分の**児童扶養手当の支給が全額停止される方**

③ 新型コロナウイルス感染症の影響を受けて家計が急変するなど、**収入が児童扶養手当を受給している方と同じ水準となっている方**

■ 支給・申請

		①の対象者	②の対象者	③の対象者
基本給付	支給額	**1世帯5万円** ※ 第2子以降1人につき**3万円加算**		
	申請	**不要**	**要**	
	支給時期	**8月頃**	**可能な限り速やかに**	
追加給付	支給額	収入が減少した場合**5万円**		
	申請	**要** (定例の現況確認時等)	要	―
	支給時期	**可能な限り速やかに**		

※②・③の対象者の申請方法

ひとり親世帯	**(1)給付金の申請手続き** 市区町村の窓口に直接か郵送で申請書と必要書類をご提出ください。 ➡	市区町村
	(2)指定口座へ振込み ⬅	

提出された申請書から、支給要件に該当するかを判断した上で支給されます。

---

i 【お問合せについて】
● 一般的なお問い合わせは**コールセンター**まで
0120-400-903 （受付時間 平日9:00～18:00）

【お申込みについて】
● お住まいの市区町村の「ひとり親世帯臨時特別給付金」窓口までお願いいたします。

家賃支援給付金

新型コロナウイルス感染症を契機とした5月の緊急事態宣言の延長等により、売上の減少に直面する事業者の事業継続を下支えするため、地代・家賃（賃料）の負担を軽減することを目的として、テナント事業者に対して「家賃支援給付金」を支給します。

■■ 給付対象者

テナント事業者のうち、中堅企業、中小企業、小規模事業者、個人事業者等であって、本年**5月〜12月**において以下のいずれかに該当する者に、給付金を支給。

①いずれか**1カ月**の売上高が前年同月比で**50%以上**減少
②連続する**3ヶ月**の売上高が前年同期比で**30%以上**減少

■■ 給付額・給付率

申請時の直近の支払賃料（月額）に基づいて算出される給付額（月額）を基に、**6カ月分**の給付額に相当する額を支給。

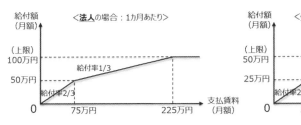

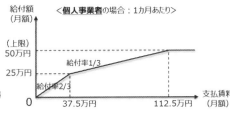

⇒**法人**は**最大600万円**　⇒**個人事業者**は**最大300万円**

> ℹ️ お問合せは「家賃支援給付金 コールセンター」まで
> 電話番号 ：0120-653-930
> 受付時間等：8:30〜19:00（平日・土日祝日）
>
> **家賃支援給付金に関するお知らせは経済産業省HPよりご確認いただけます。**
> https://www.meti.go.jp/covid-19/yachin-kyufu/index.html

生活困窮者自立支援制度

様々な課題を抱える生活に困窮する方に対して、一人ひとりの状況に合わせた包括的な支援を実施しております。

相談の流れ（自立相談支援事業）

相談の受付 ▶ 生活状況の課題を整理 ▶ 支援プランの作成 ▶ 支援メニューの提供 ▶ プランの見直し ▶ 困りごとの解決

支援メニューの例

就労支援・就労準備支援

- 就労に関する助言や個別の求人開拓等の支援を行います。
- また、就労に対して不安を抱えていたり、コミュニケーションが苦手といった場合に、ワークショップや就労体験といった支援を行います。

家計改善支援

- 家計の状況を「見える化」することで、家計の状況を把握したり、貸付のあっせん等を行います。
- また、家賃、税金、公共料金等の滞納や各種給付制度等の利用に向けた支援も行います。

住居確保給付金

- 離職等により経済的に困窮し、住居を失ってしまった方や、そのおそれのある方に対し、求職活動等を条件に、家賃費用を有期で給付します。

一時生活支援

- 住居を失ってしまった方に対し、一定期間、衣食住等の日常生活に必要な支援を行います。

ℹ️ ●ご相談はお住まいの市町村や自立相談支援事業を実施する機関の窓口へご連絡ください。

生活保護制度

生活保護は、最低生活の保障と自立の助長を図ることを目的として、
その困窮の程度に応じ、必要な保護を行う制度です。
また、生活保護の申請は国民の権利です。生活保護を必要とする可能性はどなたにもあるものですので、ためらわずに自治体までご相談ください。

どのような方が生活保護を受けられるか

○　生活保護は、資産、能力等あらゆるものを活用することを前提として必要
な保護が行われます。

（以下のような状態の方が対象となります。）

・　不動産、自動車、預貯金等のうち、ただちに活用できる資産がない。

　※　不動産、自動車は例外的に保有が認められる場合があります。

・　就労できない、又は就労していても必要な生活費を得られない。

・　年金、手当等の社会保障給付の活用をしても必要な生活費を得られない。

・　扶養義務者からの扶養は保護に優先されます。

　※　保護の申請が行われた場合に、夫婦、中学3年生以下の子の親は重点的な調査の
　　　対象として、福祉事務所のケースワーカーが原則として実際に会って扶養できない
　　　か照会します。その他の扶養義務者については、書面での照会を行います。

※　必要な生活費は、年齢、世帯の人数等により定められており（最低生活費）、最低
　　生活費以下の収入の場合に生活保護を受給できます。

最　低　生　活　費		
年金・児童扶養手当等の収入		→ 支給される保護費

○　生活保護を受けられるかの判断は、上記のほか細かな規定がありますので、
詳しくは、お住まいの自治体の福祉事務所にご相談ください。

手続きの流れ

○　お住まいの自治体の福祉事務所（生活相談等の窓口）にご相談ください。

○　保護の申請を行った場合、福祉事務所は訪問調査、資産調査等を行い、
保護を受けられるかどうかや、支給する保護費の決定のための審査を行います。

○　上記の審査を行い、福祉事務所は、保護の申請から原則14日以内に生活保護を受けられるか判断
することとなっています。

生活保護の受給開始後

○　生活保護の受給中は、ケースワーカーが年数回の訪問調査を行うほか、
ケースワーカーによる生活に関する指導に従っていただく必要があります。

○　生活保護の受給中は、収入の状況を毎月申告していただく必要があります。

○　生活費のほか、家賃についても一定の基準額の範囲内で支給されます。

○　また、必要な医療、介護についても給付対象となります。

○　家計相談の支援、子どもの学習・生活支援、就労支援などの支援を受ける
こともできます（一部の自治体を除く。）。

> **i**　●ご相談はお住まいの自治体の福祉事務所までご連絡ください。

傷病手当金

傷病手当金は、健康保険等の被保険者が、業務災害以外の理由による病気やケガの療養のため仕事を休んだ場合に、所得保障を行う制度です。新型コロナウイルス感染症に感染し、その療養のために働くことができない方も、利用することができます。

- 自覚症状は無いが、検査の結果「新型コロナウイルス陽性」と判定を受け入院している
- 発熱などの自覚症状があり、療養のために仕事を休んでいる

等の場合についても、傷病手当金の支給対象となりえます。

■ 支給要件

次の条件をいずれも満たしたときに支給されます。

① 業務災害以外の病気やケガの療養のために働くことができないこと

※業務又は通勤に起因する病気やケガは労災保険給付の対象となります。

② 4日以上仕事を休んでいること

※療養のために連続して3日間仕事を休んだ後（待期期間）、4日目以降の仕事を休んだ日について支給されます。

※待期期間には有給休暇、土日祝等の公休日を含みます。

■ 支給期間

支給を始めた日から最長1年6か月の間

※1年6か月の間で傷病手当金の支給要件を満たす日について支給されます。

■ 1日あたりの支給額

傷病手当金の支給開始日の属する月以前の直近12月間の標準報酬月額を平均した額の30分の1に相当する額の3分の2に相当する額

※支払われた給与の額が、傷病手当金の支給額を下回っている場合には、傷病手当金と支払われた給与の額の差額分が支給されます。

$$\boxed{支給総額} = \boxed{\begin{array}{c}直近12月間の\\標準報酬月額の\\平均額の30分の1\end{array}} \times \boxed{3分の2} \times \boxed{支給日数}$$

> ℹ ● **支給要件の詳細**や**具体的な手続き**については、**ご加入の健康保険の保険者にご確認ください。**

（※）国民健康保険に加入されている方について

市区町村によっては、条例により、新型コロナウイルス感染症に感染するなどした被用者に傷病手当金を支給する場合があります。詳細については、お住まいの市区町村にお問い合わせください。

求職者支援訓練

雇用保険を受給できない求職者の方は、無料（テキスト代等実費のみ負担）で職業訓練を受講しながら、要件を満たせば月額１０万円の受講手当等の給付金を受け取ることができます。

対象者：求職中の方で、原則として以下の５つの条件を満たす方

① ハローワークに求職の申込みをしていること
② 在職中（週の労働時間が20時間以上）ではないこと
③ 雇用保険の失業給付を受給中ではないこと
④ 労働の意思と能力があること
⑤ 職業訓練などの支援が必要とハローワークが認めたこと
※ 給付金を受給するには、更に下に記載の「給付金の支給内容・要件」に記載の要件を満たす必要があります。

訓練の内容

① 早期就職のための訓練です
② 訓練期間は２～６ヶ月です
③ 受講料は無料です（テキスト代等、１～２万円程度の実費のみ必要です）
④ 国からの認定を受けた、民間教育訓練機関等が訓練を実施します
⑤ ２種類のコースがあります
・「基礎コース」：社会人としての基礎的能力や、短時間で習得できる技能等を習得できます
・「実践コース」：就職希望職種における職務遂行のための実践的な技能等を習得できます

受講の流れ：P27をご参照ください（公共職業訓練と同様です）

給付金の支給内容・要件

【支給額】
・ 職業訓練受講手当：月額１０万円
・ 通所手当：訓練実施施設までの通所経路に応じた所定の額（上限額あり）
・ 寄宿手当：月額１０，７００円
※「通所手当」「寄宿手当」の詳細は、ハローワークにお問い合わせください。
【主な支給要件】（以下のすべてを満たす方が対象）
・ 本人収入が月８万円以下
・ 世帯全体の収入が月２５万円以下
・ 世帯全体の金融資産が３００万円以下

● **手当の詳細な要件**や**具体的な手続き**は厚生労働省ホームページをご確認ください。
● お住まいの地域で実施されている訓練については、ハローワークインターネットサービスで検索可能です。
● 訓練の相談については、最寄りのハローワークにてご相談ください。

相談窓口一覧

**皆様お一人お一人のお悩みに寄り添えるよう、
各種ご相談窓口をご用意しています。お気軽にご相談ください。**

仕事について相談したいとき

● **ハローワーク**【TEL:最寄りのハローワークにおかけください】

仕事をお探しの方は、お近くのハローワークにご相談ください。求人情報は、ハローワークインターネットサービスでも探すことができます。また、職業紹介等は電話で相談できます。

あわせて、来所した方で住居・生活に関する支援が必要な方には、支援制度のご案内など、必要な相談も受け付けます。

労働問題（解雇・雇止め等）について相談したいとき

● **特別労働相談窓口**等【TEL:最寄りの窓口におかけください】

各都道府県労働局に「特別労働相談窓口」を設置しております。
新型コロナウイルスの影響に伴う解雇・雇止め・休業手当等の労働相談に対応しています。

また、内定取消しや入職時期繰下げにあわれた皆様のため、新卒応援ハローワークに「新卒者内定取消等特別相談窓口」を設置しています。来所しなくても電話で相談できます。

心の健康について相談したいとき

● **精神保健福祉センター**等【TEL:最寄りのセンターにおかけください】
保健師・精神保健福祉士等の専門職が、面接や電話等により、コロナのことが不安で眠れないといったお悩みの相談を受け付けます。

● **働く人のメンタルヘルス・ポータルサイト「こころの耳」**
職場のメンタルヘルスに関する情報提供をしています。また、産業カウンセラー等が、メールや電話により、メンタルヘルス不調、過重労働により体調を崩したといった健康相談を受け付けます。

DVや子育ての悩みについて相談したいとき

● **DV相談ナビ**【TEL:0570-0-55210】、**DV相談＋（プラス）**【TEL:0120-279-889】

配偶者等からの暴力（DV）の悩みについて相談できます。DV相談ナビは、最寄りの窓口
につながります。DV相談＋は、24時間の電話相談、SNS・メールでも対応しています。

● **児童相談所・児童相談所虐待対応ダイヤル**

【TEL：最寄りの児童相談所か、児童相談所虐待対応ダイヤル「189」におかけください。】

子育ての悩み、虐待の相談等について、お電話にて相談を受け付けます。

生きづらさを感じるなどの様々な悩みについて相談したいとき

● **よりそいホットライン**等（電話等による相談）【TEL:0120-279-338】

どんなひとの、どんな悩みにもよりそって、一緒に解決できる方法を探します。
（ご相談の例）
・暮らしの悩みごと・悩みを聞いて欲しい方、DV・性暴力などの相談をしたい方、
外国語による相談をしたい方　　　　　　　　　　　　　　　　　　など

● **SNS等による相談**
LINE, Twitter, FacebookなどのSNSや電話を通じて、年齢や性別を問わず、
「生きづらさを感じる」などのお悩みの相談を受け付けます。